Vanille, Zimt & Co.

Burghard Bartos

arsEdition

1. Auflage 2003

Gestaltung und Fotografie:
Greenstuff, Iris & Jochen Grün, München
Redaktion: Silke Kords
Textlektorat: Bettina Gratzki
ISBN 3-7607-2090-0
Printed by Tien Wah Press

www.arsedition.de

Inhalt

Anis und die Badischen

Süßer Kümmel wird er auch genannt wegen seines Duftes, der so fabelhaft zum Brotbacken passt und für die Weihnachtsbäckerei. Nicht zu vergessen die guten Getränke mit Namen Anisette, Ouzo, Raki oder Absinth. Wenn auch der Anis in Industrieprodukten vom chinesischen Sternanis verdrängt wurde, der schärfer schmeckt und wie ein winziger Weihnachtsstern aussieht.

Anis gehört wie Koriander zu den Doldenblütlern. Wie es der Name sagt, stehen seine kleinen weißen Blüten zu Tausenden zwischen den oft gezähnten Blättern. Bei der Ernte hängt jeder der Millionen von Samen am eigenen Stielchen. Schon die Ägypter haben den Anis zum Backen und als Heilpflanze gebraucht. Zu uns über die Alpen brachten ihn aber erst die Benediktiner zur Zeit Karls des Großen. Und obwohl der meiste Anis in Spanien und Italien angebaut wird, fahren auch nördlich der Alpen die Bindemäher am frühen Morgen über Thüringer Felder, um Anis zu ernten.

Baden, das ist bei uns ein anderes Wort für geschäftige Idylle, für gutes Essen und Trinken – nach getaner Arbeit, wohlgemerkt. Wenn alle um den schweren Tisch sitzen, der Kachelofen die Kälte aus dem Haus vertreibt, der Schwarzwälder Schinken mit dem

isplätzle

Dinkelbrot um die Wette duftet und Wein vom Kaiserstuhl oder Weinviertel im Glas leuchtet. Und wenn dann noch der Obstler die Sommersonne der Streuobstwiesen auf den Tisch bringt, dann ist es auch langsam Zeit für etwas Süßes, Walnusstorte vielleicht oder Anisplätzle. So wie der Friedrich Hecker 1848 bei der ersten deutschen Revolution für freie Wahlen gekämpft hat, so hat jeder die Wahl bei einer badischen Vesper, die freie Wahl zwischen einfachen Zutaten aus dem »Ländle« in allerhöchster Qualität.

Nun hilft der Anis bei Leibschmerzen und Husten, bei Erkältungen und Fieber. Und er erleichtert schwere Träume. Wenn da Badische Anisplätzle nicht die rechten Plätzchen sind nach einer Wanderung durch den verschneiten Schwarzwald, welche dann?

Badische

ZUTATEN:

2 EIER

125 G PUDERZUCKER

150 G MEHL

1 EL ANIS, GEHÄUFT

1 PRISE SALZ

Badische Anisplätzle

ANLEITUNG:

Die Eier trennen. Eigelb mit dem Zucker schaumig rühren, Eiweiß steif schlagen und unterheben. Die restlichen Zutaten unter die Masse rühren. In einen Spritzbeutel mit glatter Tülle füllen und auf das gut gefettete Blech kleine Tupfer von 2 cm Durchmesser setzen. Man kann den Teig auch mit dem Teelöffel portionsweise auf dem Blech verteilen. Bei Zimmertemperatur über Nacht trocknen lassen. Für 12 Minuten in den vorgeheizten Ofen schieben. Nach dem Backen sollten die Plätzle fast noch weiß und ein bisschen hochgegangen sein.

ELEKTROHERD: 160 °C

GASHERD: STUFE 2

TIPP: *Anisgebäck muss vor dem Backen unbedingt über Nacht trocknen, nicht nur wegen der Vorfreude.*

Gewürznelken und der Frie

Je weiter hinauf wir in den Norden kommen, desto mehr hungert es die Menschen nach der Sonne. Wenn die Mittsommerzeit vorbei ist, helfen ein warmer Platz vor dem lodernden Kaminfeuer und viele Kerzen, helles Licht in das Dunkel der Zeit zu bringen. Dazu gehören auch die guten Sachen aus dem sonnigen Süden wie Tee aus Assam und Ceylon für die »friesische Mischung«, »Rum aus Ja-ma-ha-i-ca«, Mandeln und Rosinen aus Griechenland, Italien und der Türkei und die duftenden Gewürznelken. Nun sind die Gewürznelken ja ein ganz und gar christliches Gewürz, wenn wir alten Schriften glauben, weshalb sie gerade an Weihnachten nicht fehlen dürfen. Sie sind ein Symbol für die Nägel, mit denen Jesus Christus in Golgatha ans Kreuz geschlagen wurde.

Nelkenbäume wachsen vor allem auf den Molukken. Aber sie blühen nicht, weil die Knospen kurz vor dem Aufblühen geerntet werden. So behalten sie, von vier Blättern umfasst, ihr rundes Köpfchen und werden beim Trocknen dunkelbraun und feurig würzig. Im Handel mit Gewürznelken steckte ungeheures Geld. Dem

sche Rumpunsch

Sheik der Molukken nahmen die Portugiesen um das Jahr 1500 das Geschäft aus der Hand und wurden reich, bis sie im 18. Jahrhundert ihre Pfründe an die Holländisch-Ostindische Kompanie abtreten mussten. Die Holländer errichteten ein Nelken-Monopol, rotteten »feindliche« Nelkenbäume aus und die Bauern gleich mit. Bis ihnen die Franzosen im 19. Jahrhundert das Monopol durchlöcherten, indem sie Nelkenbäume stahlen und selber anpflanzten.

Vielfältig sind die Wirkungen der Nelken. Bis weit ins Mittelalter wurden Gewürze auch in der Küche zur Heilung von Krankheiten eingesetzt. Ein guter Arzt war nicht selten auch ein weiser Koch. Weil Nelkenöl desinfiziert und Schmerzen nimmt, duftet jede Zahnarztpraxis danach. Und weil Nelken schwere Schweinebraten würzig und bekömmlich machen, sind sie aus keiner winterlichen Küche und keinem Magenbitter wegzudenken. Mit wohltätigen Gewürznelken im Rumpunsch lässt sich sogar vorbeugen gegen die heftigen Winterstürme – aus Nord und Ost und überhaupt.

Zutaten
für 6–8 Gläser:

1 l starker Tee aus Friesen-Mischung

5 Gewürznelken mit Köpfchen

Schale von 1/2 Zitrone

Saft von 2 Zitronen

300 g Zucker

500 ml Rum

4 El Mandelstifte

3 El Rosinen

Friesischer Rumpunsch

ANLEITUNG:

*Tee frisch aufbrühen.
Gewürznelken in die
Zitronenschale stecken,
eine Stunde im Tee
ziehen lassen, dann
herausnehmen.
Die restlichen Zutaten
dazugeben und bis kurz
vor den Siedepunkt erhitzen.*

TIPP: *Wer ein Übriges tun will, der röste die Mandeln in der trockenen Pfanne hellbraun an*

Ingwer und das Schotti

Wer einmal über das schottische Hochland gewandert ist, im November vielleicht oder im Dezember, wenn Regen ins Gesicht schlägt, hart wie Eiskristall, wenn der Nebel undurchdringlich wird und jedes Hundegeheul an Baskerville denken lässt, wenn die Wacholder sich im Dämmerlicht so seltsam anfangen zu bewegen, wer Schottland so erlebt hat, der lernt die behaglichen Seiten Schottlands schätzen.

Eine gute Tasse Tee vor dem flackernden Kaminfeuer zum Aufwärmen, und dann, nachdem die klammen Finger wieder beweglich sind, ein Glas Malt Whisky als Aperitif. Besser noch »Single Malt«, der den Gaumen empfänglich macht für frischen Lachs und einen Lammrücken mit Saucen, denen der Ingwer Duft und Schärfe gibt. Es kann kein Zufall sein: In einem Land, in dem Männer stolz wollene Röcke tragen, wird auf Wärmendes Wert gelegt, auf Schafwolle, Whisky und Ingwer. Denn Ingwer wärmt. Seine Öle wärmen den Magen, fördern die Durchblutung der Haut und halten das Blut flüssig wie beim Aspirin.

he Ingwerbrot

Ingwer ist eine Gewürzlilie aus Südostasien. Schilfartig sieht die Pflanze aus, ihr Wurzelstock wird heute überall in tropischem Klima geerntet, vorsichtig zu Ingwerpflaumen geschält und eingekocht oder mit Kalk gebleicht und leider oft gemahlen, was dem Geschmack nicht gut tut. Frisch ist Ingwer am besten. Asiatische Seeleute nahmen ihn auf ihren Handelsschiffen mit, eingegraben in feuchten Sand, und schnitten sich bei Seekrankheit davon eine Scheibe ab.

Nach dem Dinner und einer erholsamen Nacht, es schläft sich gut im Daunenbett unter dem Giebel, wird man am Morgen gleich mit Tee geweckt, aus einer bauchigen Kanne dampfend eingeschenkt. Anschließend gibt es ein erstes Frühstück und wer Glück hat, bekommt Ingwerbrot mit guter Butter und »marmalade«, also Orangenmarmelade. Wer so den Tag beginnt, der wird die Stürme des nächsten Atlantiktiefs überstehen, ob zur Adventszeit oder an den Weihnachtstagen.

Zutaten:

100 g Butter

100 g Zucker

1 Ei

250 g Honig

250 g Mehl

1 1/2 TL Backpulver

2–3 EL Ingwer,
frisch gehackt
oder aus der Dose

1 TL Zimt

1/2 TL Piment

1 TL Salz

100 ml heißes Wasser
(oder 100 g
Crème fraîche)

Schottisches Ingwerbrot

ANLEITUNG:

Butter schaumig rühren, nach und nach Zucker, Ei und Honig dazugeben. Mehl mit Backpulver und den Gewürzen mischen und zusammen mit dem Wasser (oder der Crème fraîche) in die Masse geben. Wieder schaumig rühren. Eine Kastenform fetten. Teig hineingeben und im vorgeheizten Ofen auf der mittleren Schiene 60 bis 70 Minuten backen. Anschließend auf einen Kuchendraht stürzen und auskühlen lassen.

ELEKTROHERD: 180 °C

GASHERD: STUFE 3

TIPP: *Wer Ingwer ganz besonders mag, rührt aus Puderzucker, zerriebenem Ingwer und etwas Rum einen Guss und verteilt ihn über den Kuchen.*

Kardamom und der Leipz

Kaffee und Leipzig – wer hätte das gedacht? Dabei eröffnete in der alten Handelsstadt im Jahr 1696 eins der ersten Kaffeehäuser Europas. Johann Sebastian Bach schrieb in seiner berühmten Kaffee-Kantate von den sächsischen »Coffee-Schwestern« und gab sie dort im Zimmermannischen Kaffeehause auch gleich zum Besten. Da hatten sie ihren Beinamen weg, die »Gaffee-Sachsen«. Nu, sie machten sich nichts draus, gingen ins Kaffeehaus und tranken »een Schälchen Heeßen«. Zumindest die Männer, denn Kaffeehäuser waren, wie überall in Europa, anfangs nur für Herren geöffnet. Dort konnten sie nicht nur dieser neuen Mode nachgehen, die überall in Europa um sich griff, sondern konnten auch rauchen, Zeitung lesen, Billard spielen und waren (endlich einmal) unter sich. Die Leipziger Frauen allerdings, nicht faul, trafen sich seit 1715 in so genannten Kränzchen, also privat, und – tranken Kaffee.

Was in Leipzig aber nicht in die Tasse kam, war »Bliemchen«. Das Blümchen auf dem Tassenboden durfte keinesfalls zu sehen sein, so dünner Kaffee war gegen die Etikette, sogar, wenn die Tasse aus dem gerade

er Gewürzkaffee

erfundenen, sündhaft teuren Meissener Porzellan war. Erste Moden stellten sich ein: Im Sommer war es kalter Kaffee, im Winter wurde das heiße Gebräu mit Nelken, Zimt und Kardamom gewürzt.

Nun ist Kardamom mit dem Ingwer verwandt, ebenso scharf und ebenso aus Südindien oder Ceylon. Zwölf bis vierundzwanzig glänzende Körnchen sitzen in den Kapseln. Wer will, der kann ein paar davon mit den Kaffeebohnen in der Mühle mahlen. So wie es die Beduinen bis auf den heutigen Tag tun, wenn sie in der Wüste Juda, nicht weit von Bethlehem und Jerusalem entfernt, im Schatten ihrer schwarzen Zelte um das Feuer sitzen mit der messingnen Kaffeekanne darüber, laut ihren süßen Kaffee schlürfen und darauf warten, dass die Hirtenjungen ihre Schafherden zur Nacht in die Hürden treiben. Fast so wie in jener Nacht vor zweitausend Jahren, als in Bethlehem ein Kind geboren wurde.

Leipziger

Zutaten pro Tasse:

- Kaffeepulver
- 2–3 Kardamomsamen
- 1 Gewürznelke
- Etwas Schlagsahne
- 1 Prise Zimt

Leipziger Gewürzkaffee

ANLEITUNG:

Kaffee frisch mahlen und mit den Kardamomsamen (nach Geschmack ganz oder zerstoßen) und der Gewürznelke aufbrühen. Nicht zu fest geschlagene Sahne als Haube darüber geben und mit einer kleinen Prise Zimt bestreuen.

TIPP: *Mit ganzen Kardamom-Kapseln oder einzelnen Samen lässt sich, je nach Geschmack, eine ganze Dose voller Kaffeebohnen schon vor dem Aufbrühen aromatisieren.*

Koriander und die Aach

Weihnachten im Jahr 765. Der Frankenkönig Pippin feiert auf dem bescheidenen königlichen Hofgut in Aachen das Fest. Zur Mitternachtsmette drängen sich Familie, Hofstaat und Gäste in der Kapelle zusammen, knien auf dem eiskalten Steinfußboden. Der dreiundzwanzigjährige Karl ist mit dabei und es gefällt ihm hier. Sechs Jahre später ist er selber König, zu Weihnachten im Jahr 800 wird er in Rom zum Kaiser gekrönt und macht Aachen zu seiner Residenz. Wallfahrer kommen nach Aachen, zu Fuß, zu Pferd, rheinaufwärts, rheinabwärts.

Ehrfürchtig betend knien sie im Kaiserdom, begeistert lassen sie sich die Aachener Spezialität schmecken, die Liverkööch – Lebenskuchen aus Mehl und Honig und vielen orientalischen Gewürzen, verziert mit christlichen Symbolen. Das ewige Leben hoffen sie mit diesen Liverkööch zu essen. Im 16. Jahrhundert kommen belgische Bäcker nach Aachen, bringen Lebkuchenrezepte mit und Holzmodel. Sie drücken und drucken damit Bilder auf den Teig, das nennen sie printen. So kamen die Aachener Printen zu ihrem Namen und zeigten, besonders in der

er Printen

Weihnachtszeit, Maria mit dem Kind, Sankt Nikolaus, die Heilige Barbara oder die Flucht nach Ägypten.

Ihren besonderen Geschmack verleiht den Aachener Printen der Koriander. So streng er auch frisch geerntet riecht, nach dem Trocknen duften und schmecken die Koriandersamen würzig und mild. Anfangs kam Koriander vom östlichen Mittelmeer, er sollte den Wein noch berauschender machen und das Fleisch mürbe. Überzuckerter Koriander war sehr beliebt, solches Konfekt wurde bei festlichen Umzügen unters Volk gestreut wie heute die Kamellen. Als in Schlesien der Zucker aus Rüben erfunden wurde und so für viele erschwinglich war, büßten die Printen ihre schönen Bilder ein. Rübenzucker ließ den Printenteig im Backofen breit laufen. Es entstanden die schlichten, rechteckig geschnittenen Lebkuchen, die wir uns im Advent auf der Zunge zergehen lassen. Aber Printen heißen sie bis auf den heutigen Tag.

Zutaten:

500 g Rübensirup

3 El Wasser

10 g Pottasche

1 El Rum

150 g Kandiszucker

100 g Zucker

60 g Orangeat, sehr fein gehackt

je 2 Tl Zimt, Anis und Koriander

1 Prise Nelkenpulver

600 g Mehl

Für die Glasur:

etwas Rübensirup und Wasser

Aachener Printen

ANLEITUNG:

Sirup mit Wasser erhitzen, dann unter Rühren handwarm abkühlen. Pottasche in Rum auflösen, den Kandiszucker klein schlagen, beides mit den übrigen Zutaten in den Sirup rühren. Den Teig vier, fünf Tage stehen lassen, dann etwa 0,5 cm dick ausrollen und in 4 x 8 cm große Rechtecke schneiden. Das Backblech einfetten, Teigstücke in einigem Abstand darauf legen. Backzeit im vorgeheizten Ofen etwa 15 Minuten. Zum Schluss die Printen mit in wenig Wasser verdünntem Sirup glasieren. In Blechdosen aufbewahren.

ELEKTROHERD: 180 °C

GASHERD: STUFE 2

Muskat und die Augsburge

Es war Anfang des 16. Jahrhunderts, als Vasco da Gama, der größte Seefahrer seiner Zeit, das Wunderland Indien für die portugiesische Krone entdeckte – und für die Christenheit. Seine schnelle Passage machte den Gewürzhandel so aufregend und gewinnträchtig wie nie. Es war Anfang des 16. Jahrhunderts, als Jakob Fugger, der größte Kaufmann seiner Zeit, in den Gewürzhandel mit Ost-Indien einstieg. Fugger entschied mit seinem Geld Schlachten und Kaiserwahlen, kaufte Fürsten und Handelsmonopole, finanzierte den Ablasshandel der Kirche und baute für die »armen und wackeren Bürger« die erste Sozialsiedlung der Welt. Sie nennt sich bis heute die Fuggerei und steht in Augsburg.

Eins der teuersten Gewürze seinerzeit war die Muskatnuss. Bekannt war sie schon bei den Ägyptern, aber nach Europa kam die Muskatnuss, die kostbare, erst im fünften Jahrhundert, manchmal mit venezianischen, manchmal mit arabischen Händlern. Dann errichteten die Portugiesen ihr Monopol und verteidigten es so lange erbittert, bis die Holländer ihre Flagge Oranje hissten. Deren Vorherrschaft wurde erst gebrochen, als

Muskazinnerl

die Franzosen in einem Handstreich lebende Muskatbäume stahlen, Gewürznelkenbäume gleich mit, und sie auf Mauritius und Réunion pflanzten. Die Engländer mischten sich gern in das Geschäft und bauten die begehrten Pflanzen auf Sumatra und in Indien wieder an.

Zehn bis sechzehn Meter hoch wird der Muskatbaum, dreimal im Jahr trägt er rund 500 Nüsse. Wenn die Früchte aufplatzen, werden die Kerne aus dem Fruchtfleisch geschält – vorsichtig, damit der wertvolle Samenmantel nicht verletzt wird. Wochenlang trocknet beides in der Sonne. Der Samenmantel wird als Macis oder Muskatblüte verkauft und ist so fein im Geschmack, dass Konditoren damit Eis würzen. Die Nuss löst sich in ihrer Schale, man hört es am Klappern, und wird herausgeschlagen. Überall in der Alten Welt werden Muskat und Muskatblüte in die Wurst gemahlen und für Abteiliköre destilliert, wie den hoch gerühmten Chartreuse. In Augsburg allerdings werden sie in die köstlichen Muskazinnerl geknetet.

Zutaten:

Für den Teig:

150 g Butter

200 g Zucker

2 Eier

Mark von
1 Vanilleschote

1/2 Tl Muskatnuss,
frisch gerieben

1 Messerspitze
Muskatblüte (Macis)

1 Messerspitze
Kardamom

1 El Rum

1 El Kakao

350 g Mehl

1/2 Päckchen Backpulver

Zum Verzieren:

Halbierte Mandeln

Für die Glasur:

3 El Rum oder Wasser

150 g Puderzucker

Augsburger Muskazinnerl

ANLEITUNG:

Butter, Zucker und Eier schaumig rühren. Vanillemark, alle Gewürze, Rum und Kakao dazugeben. Zuletzt das mit dem Backpulver verrührte Mehl untermischen und alles verkneten. Teig über Nacht kühl stellen. Am nächsten Tag den Teig dünn ausrollen, Vierecke ausrädeln und mit den halbierten Mandeln verzieren. Im vorgeheizten Backofen in etwa 15 Minuten goldgelb backen. Aus Rum und Puderzucker eine Glasur rühren, die warmen Plätzchen damit bestreichen.

ELEKTROHERD: 180 °C

GASHERD: STUFE 3

Pfeffer und die Breslauer

Wer seinen Gästen an hohen und höchsten Feiertagen etwas bieten wollte, der setzte ihnen gepfefferte Speisen vor. Alles musste nach Pfeffer schmecken, als Karl der Kühne 1468 Hochzeit feierte, aber wirklich alles: Suppen und Fisch, Wildbret und Kapaune, sogar das Dessert. Erdbeeren mit grünem Pfeffer sind ja bis heute in Mode. 380 Pfund Pfeffer ließ er auftischen. Als reichster Mann der Erde lächelte er über die Preise, wenn er sah, wie seinen begeisterten Gästen die Tränen in den Augen standen.

Das Mittelalter war einfach verrückt nach Pfeffer. Schließlich soll Pfeffer die Fleischeslust anregen, wussten schon die Römer und würzten Weine mit Pfeffer. Und wenn ein Stück frisches Fleisch nicht mehr so frisch war und einen starken Duft verströmte, auch da half das scharfe Gewürz.

Pfeffernüsse

Pfeffer, das Wort wurde schnell der Begriff für Gewürze überhaupt. Und weil mit Pfeffer, mit Gewürzen enormes Geld zu verdienen war, heißen reiche Kaufleute bis heute Pfeffersäcke.

Die einzige weihnachtliche Spezialität, die heute noch nach Pfeffer klingt, nach teuren, begehrten Gewürzen, das sind die Breslauer Pfeffernüsse. Warum ausgerechnet Breslau? Weil Breslau, die Hauptstadt Schlesiens, im pfeffersüchtigen Mittelalter ein wichtiger Handelsplatz war. In Breslau kreuzten sich zwei Fernhandelsstraßen. Von der Ostsee herunter nach Süden führte die Bernsteinstraße durch Breslau. Dort traf sie auf die bedeutendste Handels- und Heerstraße des ganzen Mittelalters, die Via Regia oder Hohe Straße. Die verband über 4000 Kilometer Santiago de Compostela an der spanischen Atlantikküste mit Kiew in Russland, führte über Frankreich, Deutschland und Polen – mitten durch Breslau. An einem solchen Handelsplatz bleibt Geld kleben, besonders zur Weihnachtszeit. Und so ist es kein Wunder, dass Breslau das schönste barocke Rathaus Europas hat. Darüber streiten die Wissenschaftler nicht einmal, wenn ihnen der Pfeffer, ob in den Pfeffernüssen oder im Würzwein, die Zunge gelockert hat.

Zutaten:

Für den Teig:

200 g Rübensirup

3125 g Zucker

1 Ei, verquirlt

1 Messerspitze Hirschhornsalz

1 Messerspitze Pottasche

1 El Rum

500 g Mehl

50 g Butter, geschmolzen

Abgeriebene Schale von 1 Zitrone

2 Tl Zimt

1 Tl Kardamom

1 Tl Nelken

1 Messerspitze Muskatblüte (Macis)

1 Messerspitze Koriander

Für die Glasur:

200 g Puderzucker

1/8 l Wasser

Breslauer Pfeffernüsse

Anleitung:

Sirup anwärmen und Zucker darin auflösen und abkühlen lassen. Hirschhornsalz und Pottasche im Rum auflösen und zusammen mit den anderen Zutaten unter die Zuckermasse geben. Alles gut kneten. Rollen von 2 cm Durchmesser formen und 1 cm dicke Scheiben davon abschneiden. Auf gut gefettete Bleche legen und im vorgeheizten Ofen etwa 15 Minuten backen. Pfeffernüsse etwas abkühlen lassen und in eine Schüssel schütten. Für die Glasur den Zucker im Wasser so lange kochen, bis er feine Fäden zieht. Die Masse gut verteilt über die Pfeffernüsse gießen, umrühren, bis alle Pfeffernüsse eingezuckert sind. Schnell auf ein Blech setzen, damit sie nicht zusammenkleben.

Elektroherd: 180 °C

Gasherd: Stufe 5

Piment und der Moccap

Wenn Kolumbus nur gewusst hätte, wie viel Geld sich mit Piment verdienen ließ, er hätte ihn säckeweise von seinen Reisen mitgebracht. Aber nein, er hielt ihn für pimienta, für den altbekannten Pfeffer, und ließ ihn liegen. So kam es, dass Piment erst im 17. Jahrhundert in Europa bekannt wurde – später als alle anderen Gewürze. Die Österreicher nennen ihn deshalb bis heute Neugewürz.

Noch unreif müssen die Früchte des Pimentbaums sein, wenn sie geerntet und im Ofen getrocknet werden. Dann entwickeln sie den Duft und Geschmack von Pfeffer, Gewürznelken, Muskat und Zimt, weshalb die Engländer »allspice« sagen, Allgewürz. Und frisch gemahlen sollte er sein, das Beste sitzt in der Schale. Piment ist ein Alleskönner, würzt Fisch und Fleisch und ist ganz unentbehrlich für Curry, Wurst und Pfefferkuchen.

Jamaika-Pfeffer wird der Piment in vielen Sprachen genannt, aus Jamaika kommt er bis heute. Lange Zeit mussten ihn Sklaven ernten, die Urjamaikaner waren durch eingeschleppte Krankheiten und spanische Herrschaft ausgerottet.

ding Surprise

Auch in Spanien ist Weihnachten das wichtigste Fest des Jahres. Am Heiligen Abend beginnt das große Feiern mit einem Truthahnbraten, diesem Riesenhuhn aus der Neuen Welt. Und es geht weiter mit dem Besten, was Küche und Keller zu bieten haben. Dann kommt die »Urne des Schicksals« auf den Tisch, aus der jeder sich kleine Päckchen mit Geschenken nehmen darf. Dann gehen alle zur Mitternachtsmesse »Misa del Gallo«. Die prachtvollen Weihnachtskrippen in der Kirche werden gebührend bewundert, wobei es nicht schadet, dem Jesuskind einen Kuss zu geben. Und vom Dorfplatz, wo das große Holzfeuer lodert, klingt schon Musik herüber und die jungen Leuten fangen lachend an zu tanzen.

So dauert das Fest zwölf Tage lang, bis am Dreikönigstag die Heiligen in jedes Dorf, in jede Stadt kommen, um die Kinder zu beschenken. Und wieder bringen Kaspar, Melchior und Balthasar aus fernen Ländern den Kindern das Beste, was sie haben.

Moccapud

Zutaten:

Für den Pudding:

125 g Zucker

150 g Mehl

1 Päckchen Backpulver

1 Päckchen Vanillezucker

1 Prise Salz

1 TL Piment, frisch gemahlen

1/2 TL Zimt, frisch gemahlen

1/2 TL Nelken, frisch gemahlen

1/2 TL Muskatnuss, frisch gemahlen

60 g Butter, zerlassen

1/2 Tasse Milch

Für die Kruste:

1 Tasse Kaffee, extra stark und kalt

je 75 g brauner und weißer Zucker

40 g Kakao

Moccapudding Surprise

ANLEITUNG:

Zucker, Mehl, Backpulver, Vanillezucker, Salz und die Gewürze gut vermischen. Butter und Milch unterrühren. Die Masse in eine gefettete Auflaufform füllen. Den Kaffee darüber gießen und mit dem Zucker und dem Kakao bestreuen. Im vorgewärmten Ofen 40 bis 50 Minuten backen. Warm servieren, vielleicht mit angeschlagener Sahne oder einem Schuss Kaffeelikör.

ELEKTROHERD: 200 °C

GASHERD: STUFE 4

TIPP: *Wers kann, liest aus der meist bizarren Oberfläche des Puddings vor dem Essen schnell die Zukunft, ganz so wie früher.*

Rosenwasser und da

Reiche Handelsstädte waren sie beide, die Hansestädte Königsberg im Osten und Lübeck im Westen der Ostsee. Und zu Weihnachten waren sie in aller Munde, die beiden Marzipan-Städte. Dabei konnten sich damals längst nicht alle solche Leckereien leisten.

Als die Araber im 7. Jahrhundert Persien eroberten, brachten sie eine Süßigkeit mit, die Rückenmark und Gehirn stärkt und den Körper ernährt, wie ein persischer Arzt schrieb. Venezianische Handelsschiffe segelten das Marzipan nach Europa.

»Marci panis«, Markusbrot, nannten es die venezianischen Handelsherren schnell nach ihrem Stadtheiligen, sie hätten es gar zu gern erfunden gehabt. Eigentlich aber kommt Marzipan von »Marzapane«, wie in Venedig Schachteln für kleine Kostbarkeiten genannt wurden.

Marzipan gelangte an alle Fürstenhöfe Europas, hübsch im Schächtelchen verpackt, wie es für eine solche Kostbarkeit nur recht war. Besonders die Zuckerbäcker Graubündens wollten da mitverdienen.

Königsberger Marzipan

Sie zogen nach Venedig und lernten das Marzipanmachen. Dann zogen sie weiter an die Fürstenhöfe Europas. Es war Wilhelm Pomatti aus Castasegna im Bergell, der das Rezept für Marzipan an den Hof in Königsberg brachte und eine Marzipanfabrik gründete, direkt neben dem Preußischen Königsschloss.

Die Besonderheit beim Königsberger Marzipan ist das Rosenwasser, es weist noch auf den orientalischen Ursprung hin. Für Rosenöl und Rosenwasser braucht es Millionen von Blütenblättern der Damaszenerrose. Diese haben nicht nur besonders viele Blütenblätter, manche blühen im Herbst noch einmal. Die Rosenblätter werden ausgepresst, der Presssaft destilliert. Aus zehn Kilogramm Rosenblättern lassen sich zwei bis drei Gramm Rosenöl gewinnen. Das klare, duftende Wasser, das dabei entsteht, ist köstliches Rosenwasser. Neben den vielen süßen Mittelmeermandeln und nur wenig Zucker gibt erst das Rosenwasser dem Königsberger Marzipan seine besondere Würze.

Königsberge

Zutaten:

Für den Teig:

500 g Mandeln

10 g bittere Mandeln (aus der Apotheke)

300 g Puderzucker

3 Eiweiss

2 El Rosenwasser

Für die Dekoration:

100 g Puderzucker

2 EL Rum

Kandierte Früchte

Marzipanherzen

ANLEITUNG:

Mandeln mit kochendem Wasser überbrühen, abziehen und einige Minuten in kaltes Wasser legen, das macht sie schön weiß. Auf einem Tuch abtrocknen. Mandeln zweimal in der Mandelmühle mahlen, anschließend im Mörser zu einer feinen Paste reiben. Mit Puderzucker und Eiweiß nach und nach vermengen, zuletzt das Rosenwasser darüber träufeln. Die Masse in einem Topf auf kleiner Flamme erhitzen und dabei fleißig rühren, bis sie sich vom Topf löst. Vom Herd nehmen und kalt rühren. In einem feuchten Tuch zwei Tage kühl ruhen lassen. Dann die Masse 1 cm dick ausrollen, mit einem Förmchen Herzen ausstechen. Aus dem restlichen Marzipan mit der Hand sehr dünne Schnüre rollen und mit Eiweiß auf den Rand der Herzen kleben. Diesen Rand mit einem Zahnstocher einkerben, mit Eigelb bestreichen und die Herzen im Backofen »überflammen«, bis sie goldbraun sind.

ELEKTROHERD: 220 °C / GASHERD: STUFE 5

In guter Tradition werden die Herzen hübsch verziert. Mit etwas Zuckerglasur aus Puderzucker und Rum klebt man von alters her bunte, kandierte Früchte darauf.

Vanille und die Wiener

Allgegenwärtig ist in Wien die Erinnerung an die Türken – gerade zur Weihnachtszeit. Im Jahr 1683 hielt Wien der Türkenbelagerung siegreich stand und nahm daraufhin einen glanzvollen Aufstieg. Und wie immer machten die Wiener das Beste aus der Geschichte: Einerseits genossen sie seitdem den Türkentrank Kaffee, andererseits buken sie Hörnchen oder Kipferln. Ein wahrhaft vaterländisches Gebäck, das den türkischen Halbmond von den feindlichen Feldzeichen draußen vor der Stadt auf die zuckrigen Backbleche der Wiener Küchen verwies.

Nun gibt es viele Hörnchen, solche mit Zimt und Anis, mit Nüssen und Schokolade. Aber kein anderes Gebäck bringt das Vanillearoma so fein zur Geltung wie die Vanillehörnchen. Und was würde zu Wien, diesem Kulturzentrum Europas, besser passen als ein Gewürz aus einer Orchidee? In Mittelamerika schlingt sie sich zehn Meter

Vanillekipferl

hoch in den Urwald hinauf und ihre Blüten werden von Kolibris bestäubt. Die Schoten entwickeln erst durch wochenlange Fermentation das unvergleichliche Aroma. Schon die Azteken bauten Vanille an, weil sie Kraft und Mut und zärtliche Gefühle weckt, und nannten sie schwarze Blume.

Der Zerstörer Hernan Cortés brachte die Vanille mit nach Spanien. Er nannte sie »vainilla«, also Schötchen. Dreihundert Jahre lang verteidigte Spanien das Handelsmonopol, auf Stecklingsraub stand die Todesstrafe. Dann glückte den Franzosen der Vanille-Anbau auf der Insel Bourbon, die heute Réunion heißt. Dort müssen Vanilleblüten bis auf den heutigen Tag mit der Hand bestäubt werden, es fehlen die Blumenküsser, die Kolibris.

Zutaten:

Für den Teig:

200 g Mehl

1 Messerspitze Backpulver

80 g brauner Zucker

Mark einer Vanilleschote

2 Eigelb

150 g Butter, kalt

200 g Mandeln, gemahlen

Zum Wenden:

2 Päckchen Vanillezucker

30 g Zucker

Wiener Vanillekipferl

ANLEITUNG:

Aus den Zutaten schnell einen feinen Mürbeteig kneten und für 1 Stunde zugedeckt in den Kühlschrank stellen. Aus dem Teig 2 bis 3 cm dicke Rollen formen. Davon 2 cm dicke Scheiben abschneiden und so ausrollen, dass 5 cm lange Kipferl entstehen. Sie sollen an den Enden spitz zulaufen und leicht gebogen sein, schon wegen der Eleganz. Auf ein Blech mit Backpapier legen und im vorgeheizten Ofen 20 bis 30 Minuten auf mittlerer Höhe backen, bis die Kipferl goldgelb sind. Vanillezucker und Zucker mischen. Die frisch aus dem Ofen kommenden Kipferl darin wenden und abkühlen lassen.

ELEKTROHERD: 170 °C

GASHERD: STUFE 2

TIPP: *Mürbe schmecken sie am besten. Deshalb die Blechdosen mit den Kipferln nur ja gut wegschließen.*

Zimt und die Churer Zim

Schnee, Schnee, Schnee! Auf Dächern, Wegen, Straßen, monatelang Schnee. Es geht im November los und hört im April noch nicht auf, zumindest in den hohen Lagen nicht. Graubünden mit dem Bergell und dem Engadin, mit den bekannten Skiorten St. Moritz, Davos und der Hauptstadt Chur, die im Rheinknie liegt, das der Oberrhein braucht, um den Bodensee zu erreichen.

Nur für kurze Zeit sind die Graubündener noch unter sich, von Mitte November bis Heiligabend. Das ist die Zeit der großen Bacharia, des Schlachtfestes, das sie in der Winterzeit mit Schinken, Speck und Wurst versorgt. Und es ist Zeit für die Weihnachtsbäckerei.

Bis ins 19. Jahrhundert konnten die Graubündener nur schwer überwintern. Viele zogen fort aus der Armut und der Kälte ans Mittelmeer hinab. Besonders die Stadt Venedig hatte es den Graubündener Zuckerbäckern angetan. Es gab eine Zeit, in der von den

ille

42 Zuckerbäckern Venedigs nicht weniger als 38 aus Graubünden stammten. Venedig muss ihnen wie das Schlaraffenland erschienen sein. Alles gab es im Überfluss, Mehl und Zucker und vor allem Gewürze aus der ganzen bekannten Welt.

Zum Beispiel die köstlich duftenden Zimtstangen. Sie waren zeitweise das teuerste Gewürz, weshalb der Augsburger Kaufmann Anton Fugger sich im Jahr 1530 den Luxus leistete, die Schuldscheine Kaiser Karls V. vor dessen Augen in einem Feuer von Zimtstangen zu verbrennen. Zimtbäume wachsen in Ceylon, China und Indonesien. Ihren Schösslingen wird die Rinde abgezogen, die zarte Innenrinde herausgeschält und gerollt. Ist sie zimtbraun in der Sonne getrocknet, wird sie in Stücke gesägt. Je zarter diese Zimtstangen sind, desto feiner ist ihr Duft. Da hatten Venedigs Kaufleute viel Aufregenderes zu erzählen. In Arabien nämlich gebe es einen geheimnisvollen Vogel, der sein Nest nur aus Zimtstangen baue. Wer an das Nest wolle, müsse den Vogel töten. Zimtstangen seien nur unter Gefahr des Lebens zu erlangen.

Zutaten:

Für den Teig:

550 g Zucker

300 g Butter

4 Eigelb

2 Eiweiss

2 gehäufte El Zimt

1 Tl Nelkenpulver, frisch gemahlen

1 Messerspitze Muskatblüte (Macis), frisch gemahlen

1 El Rosenwasser

550 g Mandeln, geschält und gemahlen

300 g Mehl

Zum Bestreichen:

2-4 Eiweiss

75 g Hagelzucker

125 g Mandeln, grob zerhackt

Churer Zimtpitte

ANLEITUNG:

Zucker, Butter, Eigelbe und Eiweiße gut verrühren, Gewürze und Rosenwasser zugeben, erst zuletzt die Mandeln und das Mehl. Den Teig fleißig durcharbeiten und fingerdick auf ein Blech streichen. Die Eiweiße sehr steif schlagen und auf der Teigplatte verteilen. Hagelzucker und Mandeln mischen und auf das Eiweiß streuen. Den Teig rautenförmig einschneiden und im vorgeheizten Backofen 20 bis 25 Minuten backen. Die Rauten im heißen Teig noch einmal nachschneiden und die Stücke dann vorsichtig vom Blech abheben und auskühlen lassen.

ELEKTROHERD: 200 °C

GASHERD: STUFE 4

TIPP: *Zimtpitte in Blechdosen aufbewahren, sonst wird sie steinhart.*

Bildnachweis

Bayerische Staatsbibliothek, München:
Seite 21: Aachener Stadtansicht, aus: Der Curieuse Passagier, 1725, vor S. 1, Bayrische Staatsbibliothek, Kartenabteilung = Hbks F 4

AKG, Archiv für Kunst und Geschichte GmbH, Berlin:
Titelmotiv: Weihnachtsbesuch, Gemälde von William MacDuff, 1860
Seite 13 oben: Burg auf einem Felsen, Gemälde von Carl Friedrich Lessing, 1828
Seite 45 oben: Chur, Stahlstich, um 1840

Artothek, Spezialarchiv für Gemäldefotografie, Peissenberg:
Seite 8 unten: Holländische Stadt im Winter, Gemälde von Willem Koekkoek
Seite 9 oben und unten: Holländische Stadt im Winter, Gemälde von Willem Koekkoek

Bildarchiv Preussischer Kulturbesitz, Berlin:
Seite 25 oben: Fugger mit seinem Buchhalter Matthäus Schwarz, Miniatur, 1519